SOCIÉTÉ INTERNATIONALE

DE SECOURS AUX BLESSÉS

AMBULANCES

DE

M. DELHOMME

A CRÉZANCY (AISNE)

(Alfred WIMY, Chirurgien)

CAMPAGNE DE 1870-1871

PARIS

IMPRIMERIE JOUAUST

RUE SAINT-HONORÉ, 338

1871

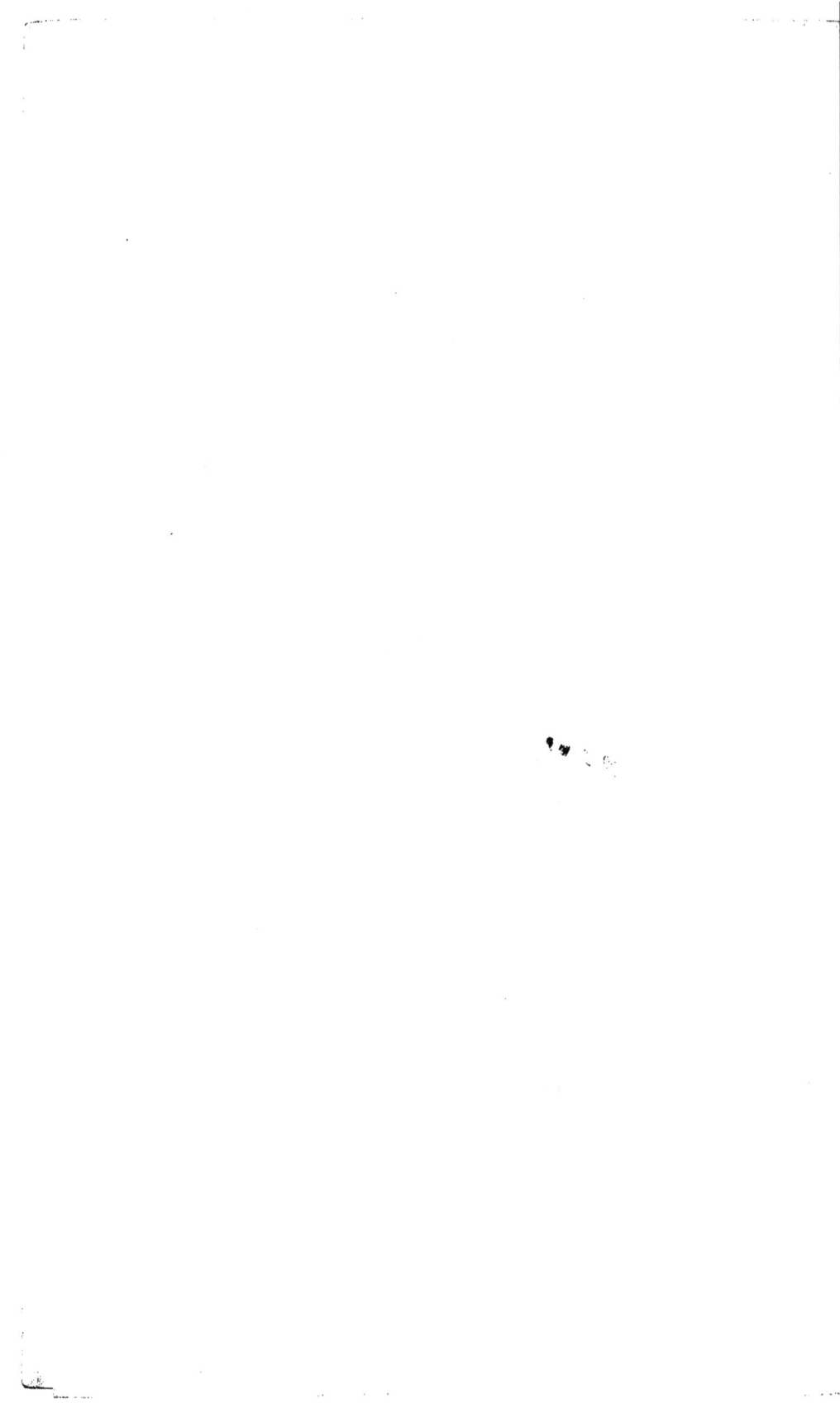

RAPPORT

AUX MEMBRES DU COMITÉ CENTRAL

DE LA SOCIÉTÉ DE SECOURS AUX BLESSÉS.

AMBULANCES DE CRÉZANCY

ÉTABLIES

CHEZ M. DELHOMME, A LA MAIRIE, ETC.

I

Messieurs,

Quelques jours après la déclaration de la guerre, le 28 juillet 1870, M. Delhomme mettait à la disposition du Comité central de la Société de secours aux blessés sa propriété de Crézancy, arrondissement de Château-Thierry (Aisne).

Le 30 du même mois, l'acceptation de cette offre généreuse lui étant notifiée par M. le comte de Beaufort et par M. Lecamus, M. Delhomme commença aussitôt, à ses frais, l'organisation d'un service destiné aux blessés, aussi complet que possible. Si le mal est contagieux, le bon exemple parfois porte aussi ses fruits; c'est ainsi que, grâce à son initiative, la commune et quelques personnes que je vous ferai connaître plus bas s'empressèrent de contribuer à la formation d'ambulances collectives et personnelles dont les avantages furent très-grands, parce qu'elles me permirent de disséminer les malades à l'occasion.

Désigné le 22 août, par M. le docteur Chenu, pour diriger ces ambulances à titre de chirurgien, je suis arrivé ici le 24.

Aussitôt, sur les recommandations expresses qui m'avaient été faites, j'ai eu l'honneur de vous adresser trois rapports successifs les concernant. Dans le premier, si mes souvenirs sont fidèles, je vous retraçai les dispositions intelligentes et toutes pratiques prises par M. Delhomme pour répondre au premier appel qui ne devait pas tarder à nous être fait.

Dans les deux autres, je vous annonçai l'entrée de quelques malades, en vous donnant, avec leur nom, le diagnostic de leur maladie. Je vous exposai mes besoins présents et ceux très-grands que je prévoyais pour l'avenir.

Quoi qu'il en soit, je reprendrai ici l'examen des ambulances de Crézancy, en vous rendant compte du mandat que vous m'avez confié.

II

Situées à deux kilomètres du chemin de fer de l'Est, les ambulances de Crézancy se trouvaient d'un accès facile aux blessés.

Dans un pays sain et agréable, isolées pour la plupart de toute habitation, elles réunissaient, au point de vue de l'hygiène, les conditions les plus favorables.

Voici maintenant les dispositions prises par M. Delhomme dans son ambulance pour assurer une composition simple et bonne à la fois, mais où tout avait été ménagé avec discernement :

Au premier, une salle vaste, bien aérée par plusieurs ventilateurs, dans laquelle on avait dressé 21 lits en fer avec sommiers, matelas, couvertures, tables de nuit, etc..., le tout neuf et aussi confortable que dans les hôpitaux.

Près de celle-ci, deux chambres d'isolement contenant 3 lits, spécialement affectées aux maladies contagieuses ou aux malades dont l'état exigeait plus de calme et des soins particuliers.

Enfin, quatre chambres d'officier, irréprochables à tout point de vue. Total, 27 lits, quoiqu'il n'en eût été offert que 20 primitivement.

Au rez-de-chaussée, il avait pourvu aux accessoires du service de la manière suivante :

D'un côté, une petite pièce disposée *ad hoc* avait été convertie en pharmacie, où M. Delhomme avait déjà réuni quelques médicaments et les choses les plus essentielles.

Plus loin et rapprochées l'une de l'autre, la cuisine avec ses ustensiles, et la cantine pour les malades qui pouvaient y venir prendre leurs repas.

Dans un autre corps de bâtiment se trouvait une baignoire avec différents appareils hydrothérapiques. A cela j'ajouterai que M. Delhomme avait mis à ma disposition ses chevaux et ses voitures.

Pour ce qui concerne les autres ambulances, la répartition se trouvait ainsi faite :

Ambulance de la mairie, composée de 12 lits fournis par les personnes ci-dessous désignées :

MM. Bernard (Constant)	1
Bouché-Déhu	1
Dat	1
Despaux (Vᵉ Eulalie)	1
Fallet, maire	1
Farret	1
Fillette (Adolphe)	1
Lamarre (Prosper)	1
Lebobe	1
Marlé père	1
Plateau fils	1
Pigeon (Vᵉ)	1
Total	12

Quoique plus modeste et plus improvisée que la précédente, je suis heureux de reconnaître qu'à titre d'annexe elle m'a été très-utile.

Maison Fillette-Bélisaire. Quatre lits avaient été offerts d'abord, mais, encombrés un jour, nous nous sommes trouvés dans la nécessité d'en ajouter quatre autres. — Total, 8.

M. Fallet, maire de la commune, auquel je dois ici et avant tout le témoignage le plus éclatant de ma reconnaissance pour son excellent concours, son dévouement à toute épreuve, même au milieu des circonstances les plus difficiles, M. Fallet, dis-je, outre le lit fourni par lui à la mairie pour prêcher d'exemple, avait encore disposé deux lits dans sa maison. — Total, 2.

M. Delamarre-Denizard m'a fait preuve d'un même empressement en prenant chez lui deux malades qu'il a nourris et soignés aussi. — 2.

Enfin, pour clore la nomenclature des locaux disponibles en faveur de l'œuvre de secours aux blessés militaires, je terminerai par la propriété du Chasnet, distante de Crézancy de deux kilomètres, appartenant à M. Moreau, conseiller d'arrondissement.

Douze lits ont donné asile à autant de malades, qui ont reçu dans cette maison les soins les plus assidus.

En tout, 63 lits.

III

Il s'agissait maintenant de trouver et de former un personnel actif, et de répartir à chacun, suivant son aptitude, les différentes attributions du service.

M. Delhomme, pour son ambulance, m'avait donné toute latitude vis-à-vis de ses domestiques. C'est à eux que je confiai tous les soins que j'appellerai matériels : l'approvisionnement, la cuisine, la lingerie et toutes les dépenses à faire dans ce sens. Cela était de toute justice, puisque M. Delhomme devait en supporter la majeure partie.

Pour le service des malades de l'ambulance de M. Delhomme et de la mairie, je me suis adjoint deux personnes intelligentes et dévouées qui, avec un désintéressement digne de tous éloges, ont bien voulu, pendant tout le temps qu'a fonctionné l'ambulance, alléger puissamment ma tâche en me consacrant une grande partie de leur temps.

C'est sur elles que j'ai pu me reposer en maintes circonstances ; par elles aussi j'ai pu suppléer au personnel que le Comité m'avait promis et qu'il n'a pu m'envoyer.

C'est donc m'acquitter d'un devoir que de les prier d'agréer ici ma reconnaissance pour l'aide qu'elles n'ont cessé de m'accorder. C'est un devoir aussi d'attirer sur elles votre bienveillante attention, dans le cas où la Société, en faveur de ses membres militants, accorderait un témoignage commémoratif de la campagne 1870-1871.

Je veux parler de Mme Eulalie Despeaux, qui déjà avait donné un lit à la mairie. Je vous signalerai enfin la veuve Beaucreux, dont le zèle et l'activité ont tenu lieu de deux infirmiers. Pour elle, je vous demanderai des appointements, dont elle a grand besoin et qu'elle a, je le dis bien haut, incontestablement mérités.

La charité de M. Delhomme m'étant connue, je fis nourrir cette brave femme à ses frais, pour pouvoir la conserver, tant elle m'était précieuse.

Quelque temps après l'entrée des Allemands chez nous, j'ai pris, à titre d'infirmier interprète, un Luxembourgeois, que j'ai dû renvoyer pour inconduite et improbité. J'ai pu le remplacer, fort heureusement, par une femme du pays qui, moyennant une faible rétribution, assistait à toutes mes visites du matin.

Dans les ambulances autres que celles de M. Delhomme et de la mairie, les soins ont été administrés par les personnes de la maison où elles se trouvaient, et cela à la grande satisfaction des malades.

Possédant quelques connaissances pharmaceutiques, je préparais moi-même, après mes visites, les médicaments que j'avais prescrits.

En vous disant, messieurs, que M. l'abbé Baillot, curé du pays, a bien voulu se charger des fonctions d'aumônier, vous aurez une idée des éléments qui m'ont servi à constituer les ambulances et à créer un service analogue à celui existant dans les hôpitaux.

IV

J'aborderai maintenant un ordre de choses qui tombe sous le contrôle immédiat du service de santé.

J'aurais voulu, en raison de son importance, traiter cette question avec la même exactitude que les précédentes; malheureusement, je ne pourrai le faire que d'une manière générale et en faisant appel à mes

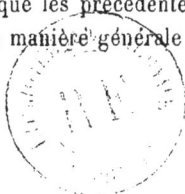

souvenirs, seuls documents qui me restent, en quelque sorte, puisque deux cahiers d'observations m'ont été soustraits, avec d'autres objets, par les Allemands.

Le chiffre des blessés ou malades soignés dans nos ambulances s'élève à 190, chiffre pouvant se décomposer en deux parties : les Français d'une part et les Allemands de l'autre, celle-ci très-considérable, celle-là malheureusement beaucoup plus restreinte.

Je dis malheureusement, parce qu'à tous, il nous eût été beaucoup plus agréable de secourir exclusivement nos compatriotes.

Mais, n'ayant pas le choix, il nous a fallu compter avec la rapidité des événements et en subir les conséquences.

D'un autre côté, m'inspirant des principes de la convention de Genève, représentant d'une œuvre qui se doit à tous indistinctement ; dans l'intérêt du revirement qui pouvait se produire et que, dans mes illusions les plus chères, j'espérais encore ; dans l'intérêt de nos militaires tombés au pouvoir de l'ennemi et de ceux qui pouvaient y tomber plus tard et être soignés par eux ; enfin, dans l'intérêt et pour la sauvegarde du pays, à qui nous devions les ambulances, il ne m'a pas été possible de les fermer avant l'invasion. Je ne vous le cache pas, il m'a fallu les considérations que je viens de vous énumérer pour me retenir à mon poste et ne pas me soustraire au côté le plus pénible de ma mission.

J'en ai été dédommagé par certains avantages qui m'ont facilité les moyens de me rendre utile au gré de quelques-unes de mes aspirations.

Cette digression terminée, je reprends.

Sans compter quelques échappés de l'armée de Sedan et de Metz qui reçurent clandestinement des soins dans des maisons particulières, quarante militaires séjournèrent dans l'ambulance de M. Delhomme.

Parmi eux se trouvaient deux blessés, présentant l'un une fracture de l'extrémité inférieure du radius remontant à quinze jours, et l'autre du tiers inférieur du tibia, mais beaucoup plus ancienne. Après leur avoir appliqué à chacun un appareil inamovible, je les dirigeai vers Paris lorsque me fut signalée l'approche des Prussiens.

Plusieurs de leurs camarades, moins grièvement blessés, firent partie du même convoi. J'en confiai la direction à un sergent—major qui avait eu les os du carpe fracturés par un éclat d'obus.

J'en avais retenu un autre que j'aurais désiré conserver, parce qu'apparaissaient chez lui les premiers symptômes d'un phlegmon, à la suite d'une plaie de la cuisse, résultat d'un éclat d'obus aussi ; mais, le voyant céder à la panique générale et désespéré d'être maintenu ici, j'écoutai ses instances, et il fut conduit à la Ferté-sous-Jouarre. En conséquence, je lui fis un large et épais badigeonnage de collodion recouvert de ouate, fixée autour du membre par une bande modérément serrée. J'ignore si ces précautions ont pu juguler les accidents, mais j'en doute, et le malade a dû amèrement regretter sa détermination.

Quant aux autres, je le répète, leurs plaies ne m'inspirant aucune crainte, je les congédiai sans scrupule, certain, d'après les indications que je leur avais données, qu'ils trouveraient sur leur parcours les soins que réclamait leur état.

Les quelques fiévreux qui se trouvaient parmi eux ne me rendaient pas plus inquiet. Un seul cependant, convalescent de pneumonie, a été obligé, je l'ai su plus tard, d'entrer à l'hôpital de Meaux, où il a attendu sa guérison définitive.

Enfin, les derniers qui sont venus ensuite sont tous partis successivement pour aller rejoindre les différents corps d'armée.

Bien entendu, je n'ai pas à revenir sur les deux évacuations que je vous adressai au palais de l'Industrie, en vous mentionnant ce qui les intéressait.

Avec un excellent régime, j'ai pu, en fait de traitement, me borner à une médication excessivement simple. En général, j'ai pansé mes blessures tantôt avec l'alcool étendu, l'acide phénique et la glycérine. J'ai quelquefois, suivant l'indication, fait quelques injections astringentes ou détersives. En même temps, j'entretenais une grande propreté, je renouvelais mes pansements aussi souvent que le comportaient la nature de la plaie et l'abondance de la suppuration. Comme c'est une règle de conduite qui m'a très-bien réussi, c'est celle que j'adoptai à l'égard des blessés allemands. Je n'aurai donc plus à en parler.

En fait d'opérations, je n'ai rien eu que de très-insignifiant : ouvertures d'abcès, incisions plus ou moins larges, débridements de quelques parties étranglées pour y ramener une circulation régulière et hâter la cicatrisation.

Dans un seul cas, j'ai dû extraire un petit fragment d'obus adhérent à la face externe du tibia ; à la suite de cette opération, en l'absence de tout phénomène inflammatoire, je n'ai eu à m'occuper que d'une plaie simple.

Rien de particulier à vous signaler relativement à nos fiévreux.

Donc, pendant une période consacrée spécialement aux nôtres, je n'ai eu aucun accident, aucune manifestation contagieuse, aucune complication, encore moins aucun décès à déplorer, et pas un malade n'a été fait prisonnier.

V

Avec l'apparition des Allemands commence une période hérissée, dès le début, d'un grand nombre de difficultés qui ne furent que progressivement résolues.

Sans interprète d'abord, ignorant complétement l'allemand, il me fallut, pour me renseigner et ne pas m'exposer à commettre une erreur de diagnostic qui aurait suscité de leur part d'injurieux soupçons, je dus, dis-je, apporter plus de temps et une attention plus soutenue à l'examen de mes malades. Ces malades étant plus nombreux, plus disséminés, mes visites se prolongèrent d'autant, sans préjudice, à l'issue de ces visites, d'un plus grand nombre de médicaments à préparer et d'une plus grande surveillance à exercer dans leur administration.

C'est à cette époque surtout que je pus apprécier à leur juste valeur les services des personnes que j'ai eu l'honneur de vous signaler.

Il est convenu que je dois passer rapidement sur ce qui touche leurs blessés, d'ailleurs peu nombreux chez nous. Cela tient à ce qu'ils les évacuaient tous sur les grands centres ou qu'ils les retenaient dans le voisinage des champs de bataille.

Je vous citerai un seul cas à moitié sérieux, c'est celui d'une fausse ankylose du genou gauche consécutive à une arthrite. Cette immobilité ayant résisté aux douches de vapeurs aromatiques, aux frictions, au massage et même à l'extension continue, je pratiquai, après l'avoir chloroformé, l'extension forcée, puis recouvrant l'articulation du genou d'un large cataplasme fortement laudanisé. Quelques jours plus tard, le malade commençait à marcher et à opérer quelques mouvements.

Je dois noter ici, mais seulement comme mémoire, quelques ophthalmies peu rebelles et particulières aux premiers passages.

C'est avec cette date que coïncide la réception par nous de nombreux malades, et cela se conçoit.

Fatigués par des marches excessives, par une alimentation parfois trop abondante, parfois insuffisante et toujours mal préparée, fatigués en même temps par des excès de boisson et, malgré la défense qui leur en avait été faite, par l'abus des fruits, beaucoup furent en bute aux embarras gastriques, à la diarrhée, à la dyssenterie, et quelques-uns à la fièvre typhoïde.

Ces motifs ont souvent été mis en doute ; j'en garantis l'authenticité pour les avoir fréquemment observés.

C'est sans doute encore pour ces mêmes causes et à la suite de gardes très-longues et de bivacs en plein air et par tous les temps que la bronchite, l'angine et la pneumonie les trouvèrent plus susceptibles à leurs atteintes.

L'angine, la bronchite aiguë, cédèrent aux moyens généraux usités en pareille circonstance.

Il en fut de même pour la diarrhée, qu'une simple question de régime, quelques boissons aromatiques, du bismuth et quelques potions laudanisées firent disparaître.

En administrant un vomitif dans le principe, une diète relative, des boissons acidules et vineuses, un léger purgatif salin ensuite, je me rendis également maître des embarras gastriques.

Malgré un régime bien dirigé : bouillon, potage, vin généreux ; malgré un traitement persistant, traitement consistant en boissons acidules, gommeuses et vineuses ; malgré l'ipéca administré lorsque survenait une indication subictérique et bilieuse, des préprations tantôt opiacées, tantôt astringentes (*intus* et *extra*), les dyssenteries furent plus opiniâtres.

Elles revêtirent un caractère épidémique bien notoire qui s'étendit aux habitants, à quelques-uns d'entre eux du moins chez qui logèrent les soldats.

Pour combattre cette forme épidémique, je dispersai autant que possible les malades et par là le foyer contagieux. Je décomposai les déjections dyssentériques, comme plus tard les déjections typhiques, à l'aide du sulfate de fer. Je fis placer dans les salles plusieurs vases contenant de l'acide phénique en solution, comme antiputride.

Les salles furent l'objet d'un redoublement de propreté, l'air fut souvent renouvelé, et j'exigeai des malades et des convalescents qui le pouvaient sans danger des promenades dans les jardins voisins de l'ambulance.

Enfin, aussitôt que le permettait leur état, je les évacuais sur Reims, mesure que m'imposait d'ailleurs l'existence des fièvres typhoïdes et du typhus.

Ce sont surtout ces fièvres qui provoquèrent de ma part des précautions scrupuleuses et incessantes, afin d'éviter leur propagation dans le pays. — Enfin le succès a couronné mes efforts: l'épidémie s'est bornée à l'ambulance.

La forme prédominante de ces fièvres fut une forme bilieuse, forme dont les symptômes et l'intensité varièrent souvent. Je m'attachai à détruire chez ces malades l'embarras gastrique en administrant d'abord un vomitif (ipéca, 1 gr., additionné de 5 centigr. d'émétique).

Les jours suivants, tant que dura le gargouillement de la fosse iliaque droite, je donnai un ou deux verres de sedlitz, de façon à évacuer des intestins les liquides qui auraient pu, en y séjournant, irriter les muqueuses et produire ensuite quelques accidents adynamiques.

Ce résultat obtenu, je commençai à nourrir mes malades en leur donnant du bouillon, en petite quantité d'abord, de l'eau rougie, du vin de quinquina étendu d'eau, de la limonade, et insensiblement j'augmentai l'alimentation.

Cataplasmes sur le bas-ventre tant qu'il y avait de la douleur.

Citron pour rafraîchir la bouche et la débarrasser des fuliginosités.

Quand il se produisait quelques symptômes de rémittence quotidienne, sulfate de quinine à doses variées suivant l'intensité, et plusieurs fois avant l'accès. Tel est sommairement le traitement que j'ai adopté. Je n'ai pas eu lieu de m'en repentir.

Je n'ai pas réussi avec le même succès quand il s'est agi du typhus. Cinq en furent atteints.

Me proposant d'enrayer la marche de la maladie, je l'attaquai à sa première période par un éméto-cathartique; puis je prescrivis, voyant que les symptômes suivaient quand même une phase ordinaire et rapide, des boissons stimulantes, des toniques, du porto étendu d'eau, du vin, des macérations de quinquina pour obvier à l'adynamie. — Si exacerbation rémittente, comme ci-dessus, mais à haute dose, sulfate de quinine. — Si accidents ataxiques, stimulants, opium suivant l'urgence, vésicatoire à la nuque, onctions d'huile de camomille camphrée sur le ventre.

Deux sur cinq succombèrent.

A mon grand étonnement, un troisième, chez qui s'étaient développés, au sacrum et aux deux trochanters, des eschares d'une étendue considérable en même temps qu'une pneumonie hypostatique, guérit très-vite, aussitôt que s'améliorèrent ses plaies.

Je le pansais alternativement avec de l'acide phénique, de la poudre de charbon et de quinquina à parties égales. Je cautérisai avec l'azotate d'argent.

La cicatrisation mise en bonne voie, les fonctions digestives se rétablirent avec une promptitude que je suivis avec le plus grand intérêt.

Les accidents ayant été moins prononcés, la convalescence, chez les deux autres, progressa, j'ose le dire, avec plus de rapidité encore, au point qu'il me fallut régler leur appétit, ce qui en fit pleurer un.

Vous dire les ennuis que nous donnèrent ces malades pour les surveiller et les entretenir proprement, c'est impossible. Il fallut à la veuve Beaucreux des grâces d'état, en vérité, pour pouvoir surmonter la répugnance que ces malades lui inspiraient et pour ne pas se lasser près d'eux.

La malpropreté des Bretons passe pour être proverbiale. Je les ai vus, mais jamais ils n'atteindront la perfection des Allemands à cet égard.

VI

Je regrette de n'avoir pu vous relater que des généralités ; mais comme les faits les plus saillants m'étaient encore bien présents à l'esprit, j'espère que l'exposé que je viens de vous en faire vous donnera la mesure de l'accomplissement de mon mandat.

Cependant, pour justifier jusqu'à la fin la confiance dont vous m'aviez honoré, j'ai eu à cœur, comme Français, de ne pas limiter là mon rôle, et j'ai tenu, comme je vous le disais plus haut, à bénéficier des avantages que me conférait mon caractère de neutre et les preuves que j'en avais données.

C'est ainsi qu'en dehors de mon service d'ambulance, sans le négliger pour cela, je suis intervenu en faveur de la commune et des pays voisins, dans les difficultés qui s'élevaient entre eux et les ennemis.

J'ai demandé et obtenu assez souvent l'élargissement de personnes arrêtées d'une façon trop arbitraire.

Pour faire cesser les mauvais traitements que faisaient subir aux habitants les soldats allemands, j'ai porté à leurs chefs des plaintes énergiques et prudentes à la fois, et provoqué ainsi une répression dont l'exemple maintenait les autres dans les bornes d'une modération forcée.

Quand je l'ai pu, j'ai fait dispenser des réquisitions ou amoindrir celles que je ne pouvais empêcher.

J'ai concouru aussi au soulagement de nos pauvres prisonniers de passage dans les gares voisines, que les Prussiens traitaient avec la dernière des rigueurs, les laissant exposés à l'intempérie d'une saison dont vous vous rappelez la dureté, sans leur donner souvent la nourriture nécessaire, sans leur permettre de satisfaire aux premières nécessités, et repoussant durement des malades qui demandaient des soins. Je l'ai vu et n'ai pas à cet égard caché mon indignation.

Pendant mon séjour à Crézancy, conformément aux instructions qui m'avaient été données, je favorisai de mon mieux la correspondance de nos malades ou prisonniers en Allemagne avec leur famille. Pour ce fait, j'ai été mis en suspicion par l'autorité allemande, puis arrêté à deux reprises différentes, et mis en liberté après avoir protesté contre ces mesures, qu'ils savaient rendre aussi injustes que mortifiantes. Aussi, profondément découragé parfois, aigri même, m'a-t-il fallu la pensée d'un devoir impérieux à remplir pour me faire rester au poste.

Informé, vers la fin de novembre, par un membre du Comité international de Versailles venu à Château-Thierry pour des achats, qu'un grand nombre de blessés français, disséminés aux environs de Paris, se trouvaient mal soignés et dépourvus de bien des choses, je songeai à les aller visiter pour améliorer leur position.

Ayant peu de malades à cette époque, je m'entendis avec un médecin voisin, et, malgré la difficulté des communications, je m'embarquai, muni d'un laissez-passer obtenu à grand'peine.

Grâce à une attestation d'un chevalier de Saint-Jean, affirmant ma qualité de médecin de l'Internationale et m'exprimant d'une façon flatteuse sa satisfaction pour les soins donnés à leurs malades, je pus aller visiter les nôtres dans leurs ambulances.

Jamais je n'oublierai le dénuement dans lequel j'en trouvai beaucoup. Vous savez combien, en novembre, était rigoureuse la température. Eh bien, malgré cela, quoique très-malades, je les trouvai isolés, dans des chambres sans feu, à peine couverts dans leur lit, et n'ayant sur le dos qu'une simple chemise dont la blancheur laissait souvent à désirer. Plusieurs d'entre eux, dont j'ai encore les adresses, pourraient en témoigner, le cas échéant. Je ne cite que ce détail, mais je pourrais en citer cent autres, et des plus graves, si je ne craignais de vous fatiguer.

J'arrivai à Versailles, où j'exposai cette situation au Comité, qui s'empressa d'y pourvoir pour mon retour. Je revins à peu près par le même chemin et je distribuai, à la grande joie de nos malheureux soldats, le peu que mes moyens m'avaient permis d'emporter.

Ce que je ne pouvais distribuer fut confié à des personnes sûres, quand j'en rencontrai.

A ce sujet, permettez-moi de vous signaler la charité d'une bonne sœur de Villeneuve-Saint-Georges, la sœur Henriette, dont les Français n'oublieront jamais les visites.

Cependant, pour être équitable, je dois dire que partout je ne rencontrai pas la même incurie de la part des Allemands. Je trouvai dans certaines ambulances nos blessés entourés des soins les plus assidus.

Je regrette de n'avoir pu donner à mon voyage l'utilité désirable, parce qu'il ne me fut pas possible de prendre avec moi de quoi parer à toutes les nécessités.

Rentré à Crézancy, mon crédit près des Allemands fut bien vite usé. Importunés par des démarches incessantes, ombragés par une prétendue influence que j'exerçais à leur détriment, disaient-ils, je fus arrêté une seconde fois, puis rendu encore à la liberté.

Enfin, dans le courant de janvier, je partis me mettre à la disposition de l'armée du Nord, et bien m'en prit, car quelques jours après, sur l'ordre du commandant des étapes de Château-Thierry, j'étais recherché par toute la contrée pour être définitivement arrêté.

N'ayant pas à comprendre dans ce rapport de graves révélations sur la manière dont les Allemands interprétèrent la convention de Genève, je termine en réclamant votre bienveillante indulgence pour ces quelques pages, et en vous remerciant du plus profond du cœur d'avoir bien voulu utiliser mes modestes services, services qui vous seraient acquis de nouveau si des événements ultérieurs et analogues à ceux que nous venons de traverser se reproduisaient.

ALFRED WIMY,

Chirurgien de la Société internationale de secours aux blessés militaires des armées de terre et de mer.

Crézancy (Aisne), 1er mars 1871.

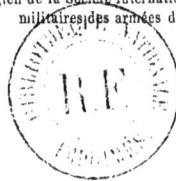